DIDODODII

Cahier d'exercices

Lydia Condrea
Lică Sainciuc

Sculeanca - Seattle, 2020

I. Remplissez les cases par les mots correspondant aux images respectives :

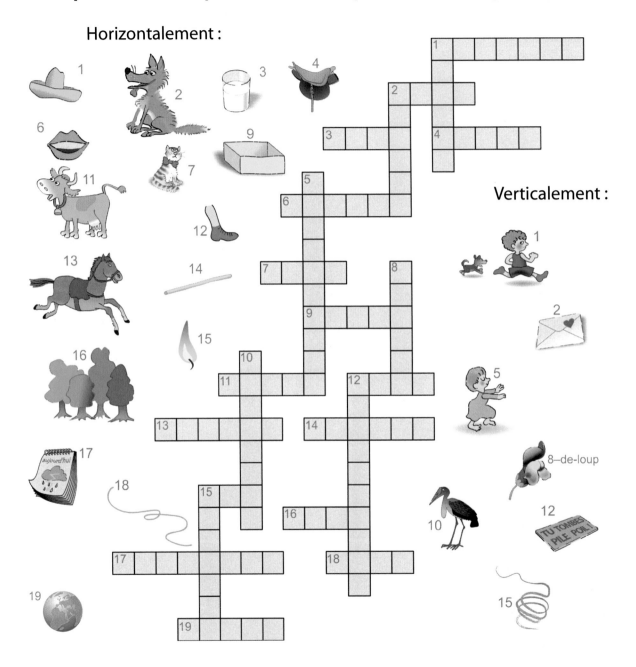

Horizontalement :

Verticalement :

II. Reconstruisez les noms composés en vous servants des mots donnés :

à (2)	amour	aux	bois	boîte	bout
chapeau	cheval	course(2)	d'	de (5)	des
feu	Feu	ficelle	follet	gueule	lettre
lettres	loup (2)	paille	pied (2)	terre	Terre

1. _____

2. _____

3. _____

4. _____

5. _____

6. _____

7. _____

8. _____

9. _____

10. _____

11. _____

12. « muflier » est le synonyme pour _____

III. Chacune des séries de mots qui suivent représente expressions figées ou proverbes mélangés. Reconstruisez-les :

1)

à (2)	autres	avoir	chats	courte
d'	fouetter ;	la	paille ;	tirer

A.   avoir d'autres préoccupations – _____

_____

B.   tirer au sort – _____

2)

avoir	bout	cheval ;	connaître	de	des
doigts ;	fièvre	le	(savoir)	sur	une

A.   connaître très bien, parfaitement – _____

_____

B.   avoir une fièvre très élevée – _____

3)

bout	donner	du	feu	le (2)	mener
nez ;	par	vert ;			

A.   influencer, manipuler – _____

B.   accepter, autoriser – _____

4)

A	cheval	conseil.	dents.	donné	La
les	ne	nuit	on	pas	porte
regarde					

A.   Quelle que soit sa valeur un cadeau doit être toujours apprécié. –

_____

B.   Mieux vaut prendre une décision importante le matin que le soir. –

_____

5)

chat	chats	dort.	faut	gris.	Il
La	le	les	ne	nuit,	pas
qui	réveiller	sont	tous		

A.   De nuit, toutes les choses se ressemblent, il est difficile de les

distinguer. – _____

B.   Il ne faut pas compliquer les choses, il vaut mieux les

laisser comme elles sont. – _____

_____

6)

| de | faire | les | nez ; | pied | pieds ; |
| traîner | un | | | | |

A.   remettre à plus tard – _____

B.

7)

| avoir | de | du | faim | gauche ; | lever |
| loup ; | pied | se | une | | |

A.   être de mauvaise humeur, mal commencer une journée – _____

_____

B.   avoir l'estomac dans les talons (avoir très faim) – _____

_____

8)

| à | de (2) | froid | loup ; (2) | pas |

A.   très froid (gla gla gla !) – _____

B.   silencieusement – _____

IV. Remplissez les lacunes de la chanson « Savez-vous planter les choux ? » avec les paroles données :

genou (2)   le (2)   les (4)   nez (2)   pieds (2)
planter (4)   de (7)

Savez-vous _____ les choux

A la mode à la mode

Savez-vous _____ les choux

A la mode _____ chez nous

On les plante avec _____ mains

A la mode à la mode

On les plante avec _____ mains

A la mode _____ chez nous

On les plante avec _____ coude

A la mode à la mode

On les plante avec _____ coude

A la mode _____ chez nous

On les plante avec les _____

A la mode à la mode

On les plante avec les _____

A la mode _____ chez nous

On les plante avec le _____

A la mode à la mode

On les plante avec le _____

A la mode _____ chez nous

On _____ plante avec le _____

A la mode à la mode

On _____ plante avec le _____

A la mode _____ chez nous

Savez-vous _____ les choux

A la mode à la mode

Savez-vous _____ les choux

A la mode _____ chez nous

7

V. Qui dit quoi ?

abeille   âne   canard   chat   chien   cochon
coq   corbeau   coucou   hibou   moineau   mouton
poule

1.   cot, cot, dit la _____

2.   cocorico, dit le _____

3.   bzzz, bzzz, dit l' _____

4.   cui, cui, dit le _____

5.   bê, bê, dit le _____

6.   miaou, miaou, dit le _____

7.   ouah, ouah, dit le _____

8.   croâ, croâ, dit le _____

9.   groin, groin, dit le _____

10.   coin, coin, dit le _____

11.   hihan, hihan, dit l'_____

12.   hou, hou, dit le _____

13.   coucou, coucou, dit le _____

VI. Chacune des séries de mots qui suivent représente expressions figées ou proverbes mélangés. Reconstruisez-les :

1)

auront	bon (2)	comme	dents ;	des	du
les	pain ;	poules	quand		

A.   gentil, généreux – _____

B.   jamais – _____

2)

à	âne ;	avec	coq	du	l'
les	lever	passer	poules ;	se	

A.   changer subitement de sujet – _____

B.   se lever très tôt – _____

3)

A	a	bon	des	et	faim
goût	Les	mauvais	murs	n'	ont
oreilles.	pain.	y			

A.   Une conversation privée peut être entendue. – _____

B.   Lorsque l'on a très faim, on trouve toujours que ce que l'on mange est bon.

   – _____

4)

à	faire	la	moutons !	nos	queue ;	Revenons

A.   Reprenons notre sujet! – _____

B.   s'aligner pour attendre son tour – _____

VII.   Placez les mots suivants dans le texte de la chanson « A la volette » :

aile	bien	es	marier	me
oiseau (3)	oranger	pied	s'	se
sèche	soigner	un	volée	

Mon petit _____

A pris sa _____ ,

Est allé _____ mettre

Sur un _____ .

La branche était _____ ,

La branche _____ est cassée.

— Mon petit _____

Où t'_____ – tu blessé ?

— J'me suis cassé l'_____

Et tordu le _____ .

— Mon petit _____ ,

Veux-tu te _____ ?

— Je veux _____ soigner

Et me _____ ,

Me marier _____ vite

Sur _____ oranger.

VIII.   Complétez les phrases avec les paroles données :

chenille	cheval	coq	crête	grillons
plumes	poule	poussins	tournesol	vers

1.   Le _____ , la_____ et les _____ vivent dans un poulailler.

2.   On appelle cette plante _____ parce qu'elle tourne avec le soleil.

3.   On dit que le fer à _____ porte bonheur.

4. Comment la _____ devient-elle papillon ?

5. Les oiseaux sont les seuls animaux à posséder des _____ .

6. Le coq a une _____ et la poule n'en a pas.

7. Les _____ adorent la salade.

8. Les _____ chantent la nuit.

IX. Résolvez les mots croisés :

Horizontalement :   Verticalement :

X.   La liste suivante comprend 4 ensembles d'homophones. Complétez chaque groupe en mettant les mots donnés dans les espaces fournis ci-dessous :

t'ont	tain	tant	tante	tantes	teint
temps	tend	tends	tente	tentes	thym
tin	ton	tond	tonds	tentent	

A.   t'en, _____ , _____ , _____ ,

_____ ;

B.   teins, _____ , _____ , _____ ,

_____ ;

C.   thon, _____ , _____ , _____ ,

_____ ;

D.   _____ , _____ , _____ ,

_____ , _____ …

XI.   Reconstruisez deux expressions en vous servant des mots donnés :

1)

| comme | dormir | -et- | le | loir ; | un |
| va | vient ; | | | | |

A.   dormir à poings fermés – _____

B.   le mouvement, les allées et venues – _____

XII. Remettez les paroles dans les lacunes de la chanson « Loup y es-tu ? » :

arrive   bois   chapeau   chaussettes   chemise   est   il
je   le   loup   ma   mes   mets
mon   nous   Que   sauvons   Sauvons   tu   y

Promenons-nous dans les _____

pendant que le _____ n'y est pas.

Si _____ loup y était,

_____ nous mangerait.

Mais comme il n'y _____ pas,

il _____ mangera pas.

— Loup, _____ es-tu ?

_____ fais-tu ?

Entends-_____ ?

— Je mets ma _____.

Je mets _____ culotte.

Je mets mes _____ !

Je _____ ma veste,

je mets _____ bottes,

je mets mon _____,

_____ mets mes lunettes,

je prends _____ fusil,

j'_____ !

— Vite, vite, _____-nous !

_____-nous, vite, vite !

XIII. Complétez les lignes de la chanson « La p'tite hirondelle » avec les paroles ci-dessous :

blé   dernière   elle   fait   nous   p'tite
p'tits

Passe, passe, passera, la dernière, la dernière,

Passe, passe, passera, la _____ restera.

Qu'est-ce qu'_____ a donc _____ , la _____ hirondelle ?

Elle _____ a volé trois _____ grains de _____ .

XIV. Remplissez les lacunes de la chanson « Le chat de la mère Michel » :

chat   est   fenêtre le   l'   lui (2)
mère (2) Mon   pas   perdu père (2) qui (2)
rendu   répondu (2) trouvé une votre

C'est la _____ Michel _____ a perdu son _____

qui crie par la _____ à qui _____ lui rendra.

C'est le _____ Lustucru qui _____ a _____ :

— Allez la mère Michel, _____ chat n'_____ pas _____ !

   Refrain :

  Sur l'air du tra la la la,
  Sur l'air du tra la la la,
  Sur l'air du tra déridéra et tra la la

C'est la _____ Michel qui _____ a demandé :

— _____ chat n'est _____ perdu, vous _____ avez donc _____ ?

Et le _____ Lustucru _____ lui a _____ :

— Donnez _____ récompense, il vous sera _____ .

   Refrain

XV. Groupez les mots qui riment par quatre :

blotti	bobo	ça	coco	dès	dos
lolo	mais	mère	parti	ta	peau
père	sorti	tais	sa	terre	trop

fais, _____ , _____ , _____ ;

dodo, _____ , _____ , _____ ;

petit, _____ , _____ , _____ ;

frère, _____ , _____ , _____ ;

haut, _____ , _____ , _____ ;

ma, _____ , _____ , _____ …

XVI. Arrangez les mots de chaque ligne de la chanson « Ah ! Vous dirai-je maman » en bon ordre :

Ah ! Vous dirai-je maman

cause	ce	mon	qui	tourment.	

_____

je	Papa	que	raisonne	veut	

_____

comme	grande	personne.	une		

_____

bonbons	dis	je	les	Moi,	que

_____

la	mieux	que	raison.	valent	

_____

XVII. Groupez les mots donnés en expressions figées ou proverbes :

1)

boulot-   dodo ;   fils ;   métro-   père,   tel (2)

A.   mode de vie routinier des salariés de la région parisienne – _____

_____

B.   on hérite les qualités et les défauts de ses parents – _____

2)

comme   Comme   couche.   fait   image ;   lit,

on (2)   sage   se   son   une

A.   Il faut assumer les conséquences de ses actes. – _____

_____

B.   très sage, calme – _____

XVIII. **Reconstruisez les expressions et les proverbes à partir des mots donnés :**

1)

| arrache-pied ; | d' travailler | faire | grasse | la | matinée ; |

A.   rester au lit après l'heure habituelle – _____

_____

B.   travailler avec acharnement, bosser dur – _____

_____

2)

au (2)	et	être	faut	four	Il
le (2)	lorsque	moulin.	moulin	ne	On
peut	pas	souffle	tourner	vent.	

A.   On ne peut pas faire plusieurs choses à la fois. – _____

_____

B.   Il faut agir au moment propice. – _____

_____

3)

à (2)	casse.	cruche	eau	elle	fait
fin	hirondelle	l'	la (2)	le	ne
pas	printemps.	qu'	se	Tant	Une
va					

A.   Un fait isolé n'autorise pas de conclusion générale. – _____

_____

B.   A force de s'exposer sans cesse à un danger, on finit par y succomber. –

_____

XIX. En combinant les unités linguistiques suivantes, formez les noms de profession :

ac (2)	ant	ante	archi	boulang (2)
enseign (2)	er	ère	eur	euse	ier (3)
ière (3)	meun (2)	pâtiss (2)	pomp (2)	tecte	teur
trice	vend (2)			

Personne qui …

1) fabrique de la farine en utilisant un moulin-

le _____ ou la _____

2) conçoit des bâtiments publics et privés -

l' _____

3) fait du pain

le _____ ou la _____

4) fait des gâteaux –

le _____ ou la _____

5) enseigne

l' _____ ou l' _____

6) joue des rôles au théâtre, au cinéma, à la télévision ou à la radio -

l' _____ ou l' _____

7) éteint les incendies –

le _____ ou la _____

8) présente et vend la marchandise –

le _____ ou la _____

XX. Remplissez les lacunes avec les mots donnés :

cent (3) cinq   deux   douze   quatre (6) sept
six (2)   soixante (5) trois (5) un (3)   une (7)   vingt

1. Il y a _____ secondes dans _____ minute.

2. Il y a _____ minutes dans _____ heure.

3. Il y a _____ - _____ heures dans _____ jour.

4. Il y a _____ jours dans _____ semaine.

5. Il y a _____ semaines et _____ ou _____ jours dans _____ mois.

6. Il y a _____ semaines ou _____ semaines et _____ jour dans le mois de février.

7. Il y a _____ mois dans _____ année.

8. Il y a _____ mois dans _____ saison.

9. Il y a _____ saisons dans _____ année.

10. Il y a _____ _____ _____ - _____ ou _____ _____ _____ - _____ jours dans _____ année.

11. L'année de _____ _____ _____ - _____ jours est appelée bissextile.

12. L'année bissextile revient tous les _____ ans.

XXI. Placez les numéros de 1 à 10 dans les cases des mots croisés :

XXII. Complétez les lignes de la chanson « V'là le bon vent » avec les paroles données :

argent   canard   chez   du   méchant
mon   noirs   un   vient   vont

Derrière _____ nous y a un étang.

Trois beaux canards s'y _____ baignant.

Y en a deux _____ , y en a _____ blanc.

Le fils _____ roi s'en _____ chassant.

Avec son beau fusil d'_____

il a tué mon _____ blanc.

– Oh, fils du roi, tu es _____

d'avoir tué _____ canard blanc !

22

XXIII. Quel mot va dans quelle lacune ?

étang (2)   flaque (2)   goutte   mare   mer (2)   océan

Une _____ est plus petite qu'une _____ ;
une _____ est plus petite qu'une _____ ou
un _____ ; un _____ est plus petit qu'une
_____ ; une _____ est plus petite qu'un
_____ .

XXIV. Quelles sont les expressions figées de cet exercice ?

1)
faire (2)   grise ;   marron   matière   quelqu'   sa
travailler   un ;

A.   réfléchir – _____

B.   tromper quelqu'un – _____

2)
couleurs ;   de   en   jaune ;   les   rire
toutes   voir

A.   rire forcé – _____

B.   subir toutes sortes de difficultés – _____

_____

3)

bleue ;	en	être	fleur	la	rose ;
vie	voir				

A.   être très optimiste – _____

B.   être sentimental – _____

4)

blancs ;	cheveux	des	être	faire	la
lanterne	rouge ;	se			

A.   être le dernier – _____

B.   s'inquiéter – _____

5)

à	blanche	carte	comme	donner	être
quelqu'	rouge	tomate ;	un	une	

A.   _____

     – lui donner toutes les autorisations ;

B.   être tout rouge – _____

6)

avoir (2)	bleue ;	la	main	peur	une
verte ;					

A.   craindre énormément – _____

B.   savoir cultiver les plantes – _____

XXV. Complétez les lignes de la chanson « Ainsi font, font, font » avec les paroles ci-dessous :

bras (2)   côtés (2)   en   petites   puis   sautez (2)
tours

Ainsi font, font, font
Les _____ marionnettes,
Ainsi font, font, font
Trois p'tits _____ et _____ s' _____ vont.

Les _____ aux _____ ,
Marionnettes, marionnettes,
Les _____ aux _____ ,

Marionnettes, _____ , _____ !

XXVI. Arrangez les mots des listes suivantes en expressions figées ou proverbes :
1)
danser ;   dessous ;   dessus   ne   pas   pied
quel   savoir   sens   sur

A.   hésiter, ne pas savoir comment réagir – _____

_____

B.   – _____

2)

avoir	beau (2)	et	faire	faire ;	la
le	pluie	temps ;			

A.   essayer en vain – _____

B.   être omnipotent – _____

_____

3)

en	faire	faire ;	s'	ses	valises ;

A.   prendre le large, s'en aller – _____

B.   s'inquiéter – _____

4)

à	Après	beau	la (2)	le	leu ;
leu	pluie	queue	temps.		

A.   Le bien succède au mal. – _____

_____

B.   les uns derrière les autres, en file indienne – _____

XXVII. Nommez les notions de temps et résolvez les mots croisés :

année   de (2)   jours   la   l'   Les (3)
mois   saisons   semaine

1) _____ _____

_____ _____

_____

3) _____ _____

XXVIII. Complétez les phrases suivantes en vous servant des mots donnés :

assez	énorme	est (7)	gigantesque	grand	grande
La (5)	Le	L'	minuscule	petite	vaste

1. _____ fourmi _____ _____ .

2. _____ souris _____ _____ .

3. _____ chien _____ _____ _____ .

4. _____ vache _____ _____ .

5. _____ éléphant _____ _____ .

6. _____ baleine _____ _____ .

7. _____ terre _____ _____ .

XXIX. Formez 7 termes de mesure avec les mots donnés et rangez-les par ordre croissant :

assez	beaucoup	grand (4)	petit (3)	très (2)	trop

1. tout _____ ;

2. _____ _____ ;

3. _____ ;

4. _____ _____ ;

5. _____ ;

6. _____ _____ ;

7. _____ _____ _____ .

XXX. **Reconstruisez les expressions figées et les proverbes :**

1)

| comme | de | heureux | jours; | nos | roi ; |
| un | | | | | |

A. actuellement, de notre temps, à notre époque – _____

B. très heureux – _____

2)

| à | chercher | des | heures; | jeudis; | la |
| midi | quatorze | quatre | semaine | | |

A. jamais – _____

B. chercher la petite bête, compliquer inutilement une chose très simple –

_____

3)

à	cache;	cache-	chat	dansent.	est
jouer	là,	le	les	n'	pas
Quand	souris				

A. faire découvrir par un des joueurs tous les autres qui se sont cachés, se cacher

– _____

B. En l'absence du maître, ceux qu'il gouverne en profitent pour faire ce que bon

leur semble. – _____

29

XXXI. LES SYNONYMES (mc)

Horizontalement:

3. forêt
7. de cette façon, de cette manière
8. présente
9. d'une manière vigoureuse
10. lait
11. file, part
14. à l'intérieur, dedans
15. en cercle
17. tarte
18. va très vite
19. fin, extrémité

Verticalement:

1. ensuite, après
2. invariablement, dans tous les cas, tout le temps
4. sans tarder, avant peu, d'ici peu, vite
5. essuie-pieds, tapis-brosse
6. œuf

12. rapidement
13. gosse, môme, mioche
14. sommeil, lit
16. tourne

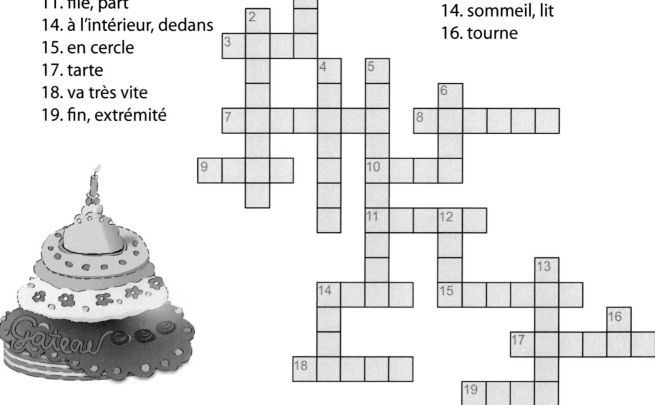

XXXII.   LES ANTONYMES (mc)

31

Verticalement:

2. lentement
4. haine
7. cache
8. veillera
9. laides
10. doucement
12. dehors
15. là (là-bas)
16. bas

Horizontalement:

1. baisse
3. laids
5. centre
6. ouvre
8. mou

11. grand
13. adulte
14. défaire
17. vient
18. toujours
19. très peu

XXXIII.   Complétez les proverbes et les expressions figées qui suivent :

1. A bon goût et faim n'y a mauvais ....

2. A cheval donné on ne regarde pas ....

3. avoir une fièvre de .... ;

4. bon comme du .... ;

5. chercher midi à .... ;

6. connaître (savoir) sur le bout .... ;

7. donner carte .... ;

8. donner le feu .... ;

9. en voir de toutes .... ;

10. être la lanterne .... ;

11. faire l'école .... ;

12. faire la grasse .... ;

13. faire la pluie et .... ;

14. faire travailler sa matière .... ;

15. Il faut tourner le moulin lorsque souffle ....

16. Il ne faut pas réveiller le chat ....

17. La nuit porte ………………………………………………………………… .

18. La nuit, tous les chats sont ……………………………………………… .

19. la semaine des quatre …………………………………………………… ;

20. le va-et- …………………………………………………………………… ;

21. Les murs ont ……………………………………………………………… .

22. mener par le bout ………………………………………………………… ;

23. métro-boulot- …………………………………………………………… ;

24. ne pas être dans ………………………………………………………… ;

25. ne pas savoir sur quel pied …………………………………………… ;

26. On ne peut pas être au four et ………………………………………… ..

27. passer du coq ……………………………………………………………… ;

28. Pierre qui roule n'amasse ……………………………………………… . .

29. Quand le chat n'est pas là, …………………………………………… . .

30. quand les poules auront ………………………………………………… ;

31. Revenons …………………………………………………………………… !

32. rouge comme ……………………………………………………………… ;

33. sage comme ……………………………………………………………………… ;

34. se faire des cheveux ……………………………………………………… ;

35. sens dessus ……………………………………………………………… ;

36. Tant va la cruche à l'eau qu'à la fin …………………………………… .

37. Tel père, ………………………………………………………………… .

38. tirer à la courte ………………………………………………………… ;

39. traîner …………………………………………………………………… ;

40. travailler d'arrache- ……………………………………………………… ;

41. Une hirondelle ne fait pas ……………………………………………… .

42. voir la vie ………………………………………………………………… ;

DIDODODIDADA
Cahier d'exercices
Lydia Condrea
Lică Sainciuc

Published by *Paint with Words Press*

ISBN-13: 978-0-9839063-4-6
ISBN-10: 0-9839063-4-3

Printed in the United States of America

Made in the USA
Monee, IL
22 March 2021